BAL, PETIT BAL

Paroles et musique de
Francis LEMARQUE

bal (VM)Où je t'ai con - nue Sou-viens toi (VM)Tu n'é-tais pour moi Ce soir là Rien qu'une in-con - nu -
(VF)Où l'on s'est con - nu (VF)Je n'é - tais pour toi

e Bleus ou bien verts, tes yeux lu - mi - neux Sont si clairs Ils m'ont mis la

tête à l'en - vers Sur un air de fê - - te Je me sou -
Ah! mes a -

viens Du pa - tron sym - pa - thi - que Qui dis - cu - tait po - li - ti - que
mis Ce fut une bel - le no - ce Le pa - tron et ses huit gos - ses

al Coda

Coda

A - vec l'a - gent fleg - ma - ti - que, Et pour nous deux, Un seul mu - si - cien Pa - res -
E - taient ve - nus en ca - ros - se Et main - te - nant, Nous voi - là cli - ents Pour long -

seux Et le vent lé - ger Qui fai - sait vo - ler tes che - veux
temps, De ce pe - tit bal Où l'a - mour un soir en dan -

_sant Nous a ré - u - nis Pour tout' la vie

BAL, PETIT BAL
Paroles et Musique de Francis LEMARQUE

C'était le soir d'un quatorze juillet
Quelques lampions qui tremblaient sur un fil
Faisaient briller solitaire et discret
Un petit bal au milieu de la ville 1.

Bal Petit bal
Où je t'ai connue (VM)
Où l'on s'est connu (VF)
Souviens toi
Tu n'étais pour moi (VM)
Je n'étais pour toi (VF)
Ce soir là
Rien qu'une inconnue
Bleus ou bien verts,
tes yeux lumineux
Sont si clairs
Ils m'ont mis la tête à l'envers
Sur un air de fête
Je me souviens
Du patron sympathique
Qui discutait politique
Avec l'agent flegmatique,
Et pour nous deux,
Un seul musicien
Paresseux
Et le vent léger
Qui faisait voler tes cheveux

Et quand le dernier lampion s'est éteint
Un grand amour était né dans la ville
C'était le notre dansant au matin
Dans le petit bal devenu tranquille

Bal Petit bal
Où je t'ai connue (VM)
Où l'on s'est connu (VF)
Souviens toi
Tu n'étais pour moi (VM)
Je n'étais pour toi (VF)
Ce soir là
Rien qu'une inconnue
Bleus ou bien verts,
tes yeux lumineux
Sont si clairs
Ils m'ont mis la tête à l'envers
Sur un air de fêteAh! mes amis
Ce fut une belle noce
Le patron et ses huit gosses
Etaient venus en carosse
Et maintenant,
Nous voilà clients
Pour longtemps,
De ce petit bal
Où l'amour un soir en dansant
Nous a réunis
Pour tout' la vie

Ball Little Ball

It was the evening of a fourteenth of July
A few fairy-lights that shuddered on a line
Cast light on, alone and discreet,
A little ball in the middle of town

Ball little ball
Where I met you
Remember
You were nothing more for me
That evening
Than a stranger
Blue or green
Your bright eyes are so clear
They turned my head
On a happy tune
I remember the nice barman
Who argued politics with the phlegmatic agent
And for us both a lone, lazy musician
And the light wind that made your hair fly

And when the last fairy-light went off
A great love was born in the town
It was ours dancing to the morrow
In the little ball now turned quiet

Ball little ball
Where I met you
Remember
You were nothing more for me
That evening
Than a stranger
Blue or green
Your shining eyes are so clear
They turned my head
On a happy tune
Ah! My friends, it was a beautiful wedding
The barman and his eight kids had come in a horse-drawn coach
And now we're patrons for quite a while
Of this little ball where love one evening dancing
United us for life

ENGLISH · FRENCH

THE BIG BOOK OF

PIANO · VOCAL · GUITAR

FRENCH SONGS

ISBN-13: 978-0-6340-8626-7
ISBN-10: 0-6340-8626-X

HAL·LEONARD®
CORPORATION
7777 W. BLUEMOUND RD. P.O. BOX 13819 MILWAUKEE, WI 53213

Visit Hal Leonard Online at
www.halleonard.com

CONTENTS

APRIL IN PARIS

Words by E.Y. HARBURG
Music by VERNON DUKE

AU BAL DE LA CHANCE

Lyric by JACQUES LaRUE
Music by NORBERT GLANZBERG

Le long   de   l'her - be   l'eau
pa - ra   sols   sur   la
vent   tour - nant   dans   les
pense   en - core   à   ce

coule   et   fait   des   ronds, _____   Le
berge   en   ges - tes   lents, _____   Sa -
feuil - les   des   bos - quets, _____   A -
jour   de   l'an   der - nier, _____   Sur

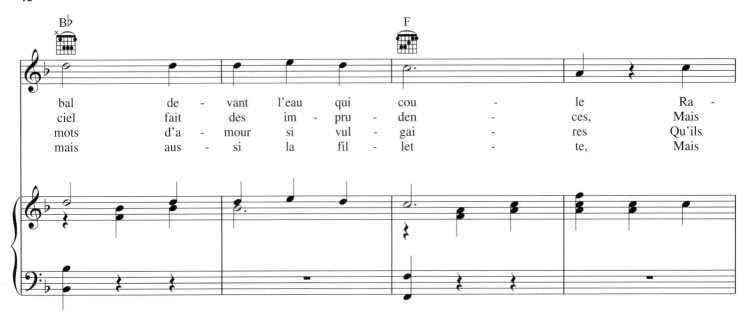

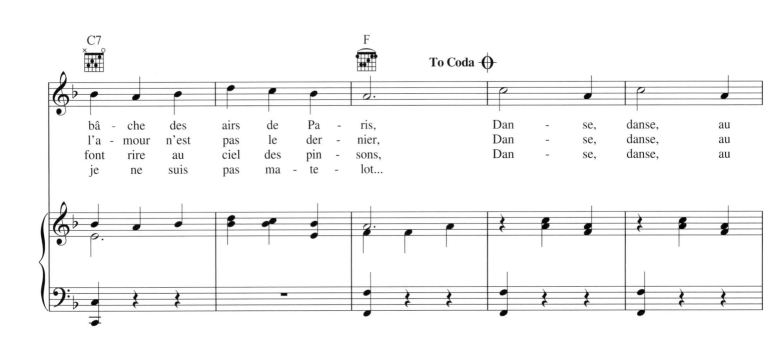

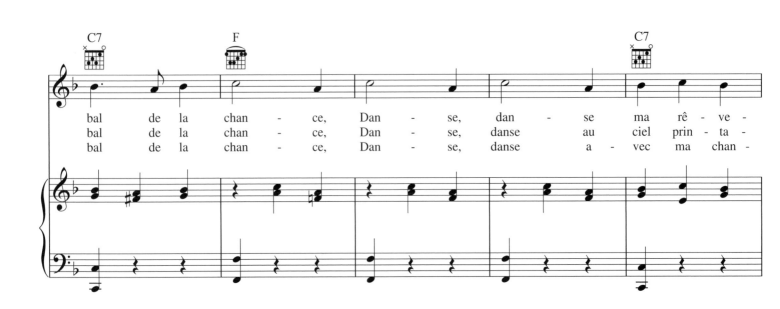

AUPRÈS DE MA BLONDE
(Nearby to My Dear One)

French Folksong

Ou'il fait bon dor - mir._____ 2. Qui mir._____
How I love to be._____ 2. The be._____

Additional Lyrics

2. La caill', la tourterelle,
Et la jolie perdrix
La caill', la tourterelle,
Et la jolie perdrix,
Et ma jolie colombe
Qui chante jour et nuit.
Refrain

3. Qui chante pour les filles
Qui n'ont pas de mari,
Qui chante pour les filles
Qui n'ont pas de mari.
Pour moir, ne chante guère,
Car j'en ai un joli,
Refrain

4. Dites-nous donc, la belle,
Oú donc est vot' mari?
Dites-nous donc, la belle,
Où donc est vot' mari?
Il est dans la Hollande,
Les Hollandais l'ont pris,
Refrain

5. Que donneriez-vous, belle,
Pour avoir votre ami?
Que donneriez-vous, belle,
Pour avoir votre ami?
Je donnerais Versailles,
Paris et Saint-Denis,
Refrain

6. Je donnerais Versailles,
Paris et Saint-Denis,
Je donnerais Versailles,
Paris et Saint-Denis,
Les tours de Notre-Dame,
Et l'clocher d'mon pays;
Refrain

2. *The quail, the grey woodpigeon,*
And speckled partridge come,
The quail, the grey woodpigeon,
And speckled partridge come.
My little dove, my dearest,
That night and day doth croon.
Refrain

3. *It's comforting the maidens*
Unmarried and alone,
It's comforting the maidens,
Unmarried and alone.
Sweet dove, don't sing for me then,
A man, I have my own.
Refrain

4. *O tell us, tell us, lady,*
Where is your husband gone?
O tell us, tell us, lady,
Where is your husband gone?
In Holland he's a prisoner,
The Dutch have taken him.
Refrain

5. *What would you give, my beauty,*
To have your husband home?
What would you give, my beauty,
To have your husband home?
Versailles I'd gladly give them
And Paris and Notre Dame.
Refrain

6. *Versailles I'd gladly give them,*
And Paris and Notre Dame,
Versailles I'd gladly give them,
And Paris and Notre Dame,
Saint Denis's Cathedral,
And our church-spire at home.
Refrain

CASTLE ON A CLOUD
(Une poupée dans la vitrine)
from LES MISÉRABLES

Music by CLAUDE-MICHEL SCHÖNBERG
Lyrics by ALAIN BOUBLIL, JEAN MARC NATEL
and HERBERT KRETZMER

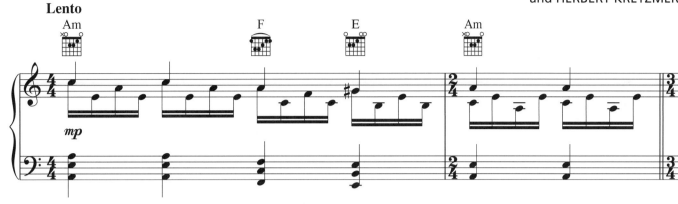

C'est une pou-pée dans la vi-trine
Dans une mai-son pleine de jou-ets
There is a cas-tle on a cloud.
There is a room that's full of toys.

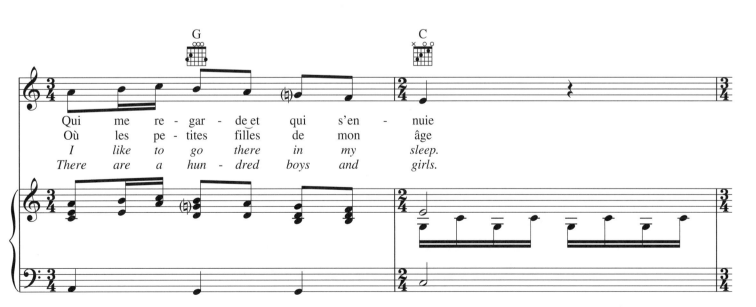

Qui me re-gar-de et qui s'en-nuie
Où les pe-tites filles de mon âge
I like to go there in my sleep.
There are a hun-dred boys and girls.

AUTUMN LEAVES
(Les feuille mortes)

French lyric by JACQUES PREVERT
English lyric by JOHNNY MERCER
Music by JOSEPH KOSMA

Slowly, with much feeling

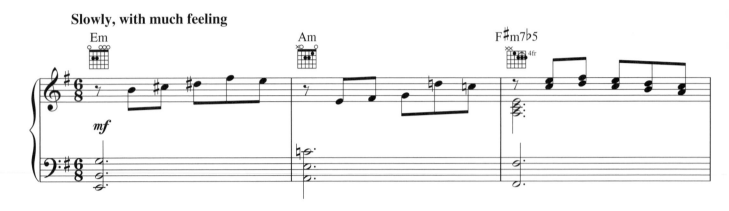

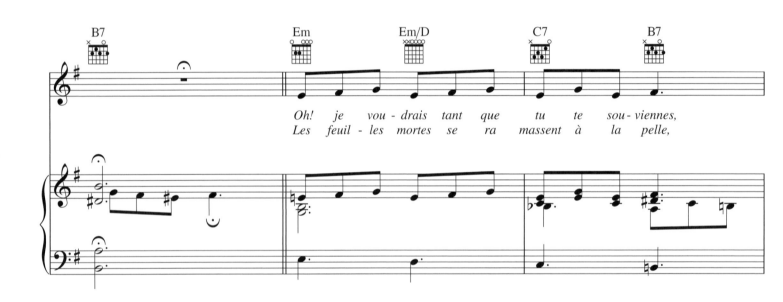

Oh! je vou - drais tant que tu te sou - viennes,
Les feuil - les mortes se ra massent à la pelle,

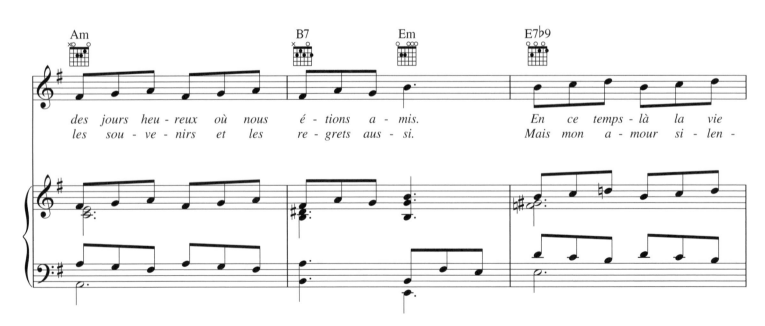

des jours heu - reux où nous é - tions a - mis.
les sou - ve - nirs et les re - grets aus - si.
En ce temps - là la vie
Mais mon a - mour si - len -

BEYOND THE SEA
(La mer)

Words and Music by CHARLES TRENET,
ALBERT LASRY and JACK LAWRENCE

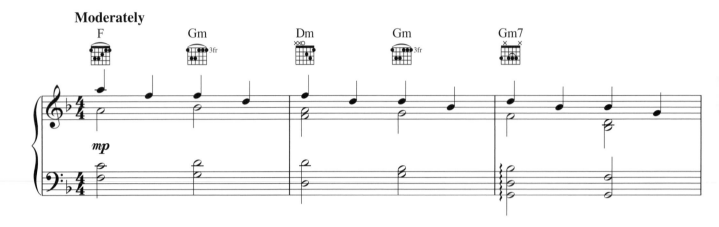

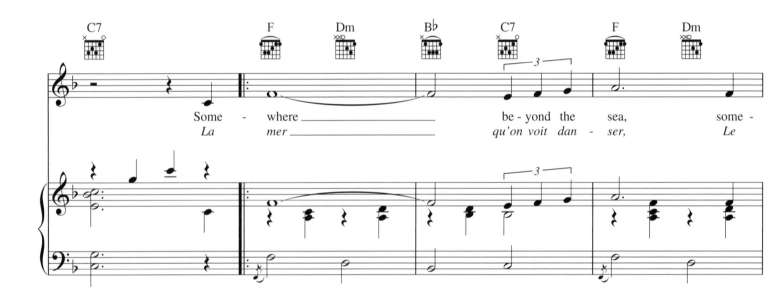

Some - where _____ be - yond the sea, some -
La mer _____ qu'on voit dan - ser, Le

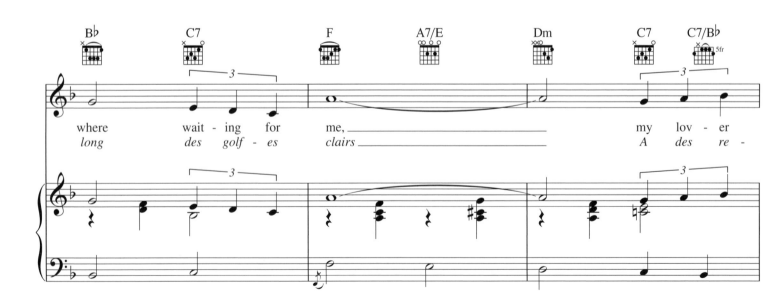

where wait - ing for me, _____ my lov - er
long des golf - es clairs _____ A des re -

BRING HIM HOME
(Comme un homme)
from LES MISÉRABLES

Music by CLAUDE-MICHEL SCHÖNBERG
Lyrics by ALAIN BOUBLIL
and HERBERT KRETZMER

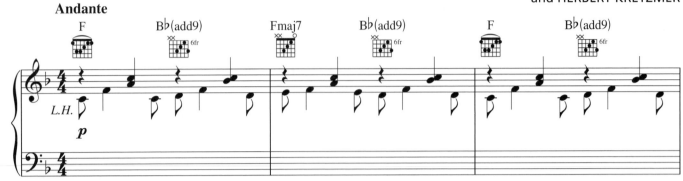

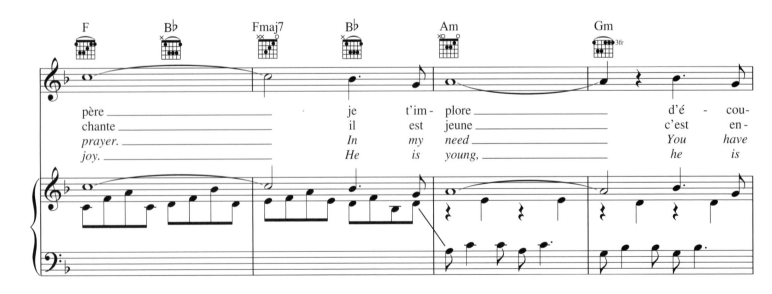

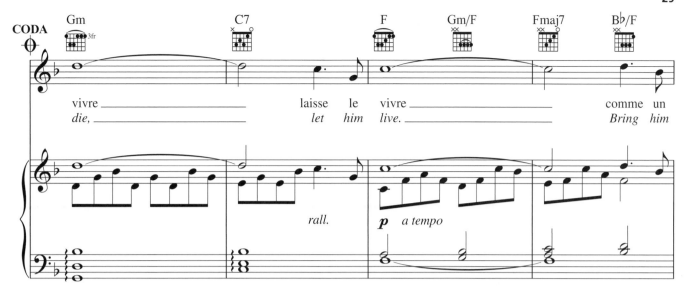

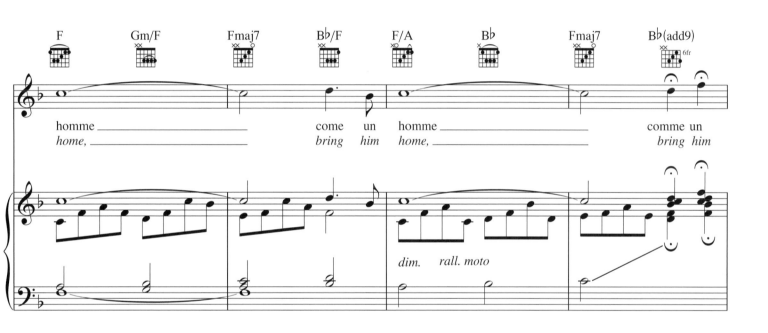

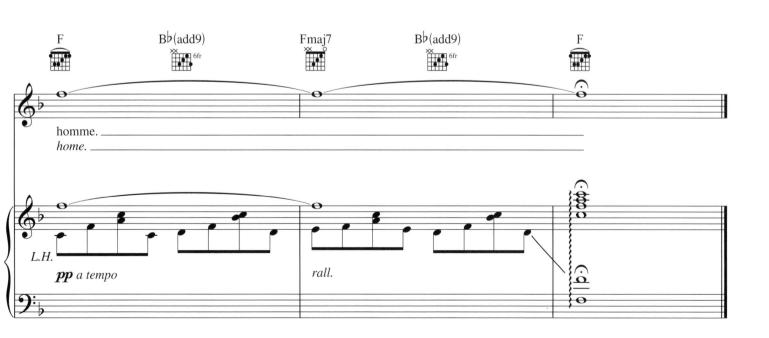

CA, C'EST L'AMOUR
from LES GIRLS

Words and Music by
COLE PORTER

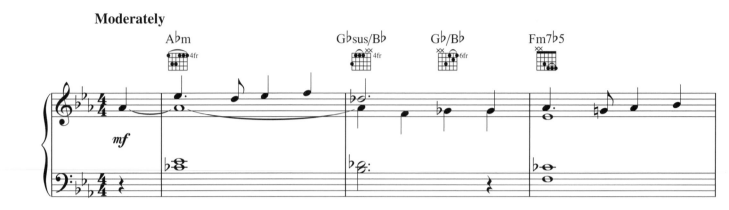

CAN CAN
from ORPHEUS IN THE UNDERWORLD

By JACQUES OFFENBACH

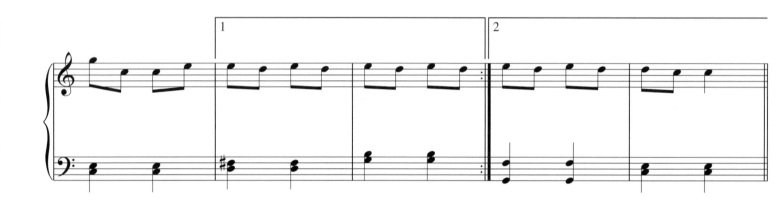

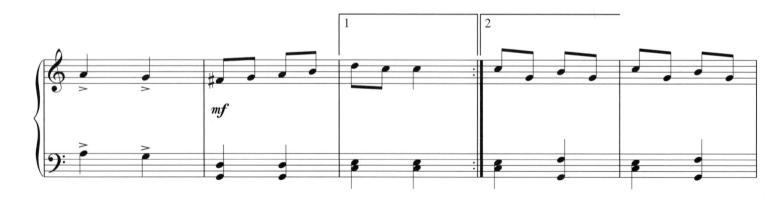

C'EST MAGNIFIQUE

from CAN-CAN

Words and Music by
COLE PORTER

CHANTE
(Somewhere, Somehow, Someday)

French Lyric by LOUIS AMADE
English Lyric by STEVE KRANTZ
Music by WAL-BERG

DANS TON CŒUR
(Heart and All)

French Lyric by PAUL MAX
English Lyric by MANN CURTIS
Music by V.O. URSMAR

Tempo di Tango

gran - de, _____ J'a - vais le bon - heur d'en
mat - ter, _____ nev - er will my heart be

ê - tre le seul ha - bi - tant. _____
fool e - nough to part from you. _____

Je m'é - tais bien in - stal - lé Dans ton cœur! _____
Do what you de - sire with me, heart and all, _____

_____ J'é - tais com - m'en un pa - lais Dans ton
dar - ling, I will al - ways be at your

CLOPIN-CLOPANT
(Comme ci, comme ça)

French Lyric by PIERRE DUDAN
English Lyric by JOAN WHITNEY and ALEX KRAMER
Music by BRUNO COQUATRIX

COMME MOI

Words by CLAUDE DELECLUSE
and MICHELLE SENLIS
Music by MARGUERITE MONNOT

DANSE AVEC MOI
(Dance with Me)

French Lyric by ANDRE HORNEZ
English Lyric by HAROLD ROME
Music by FRANCIS LOPEZ

Moderately slow

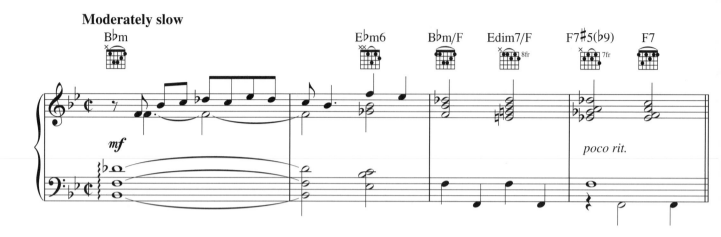

Freely

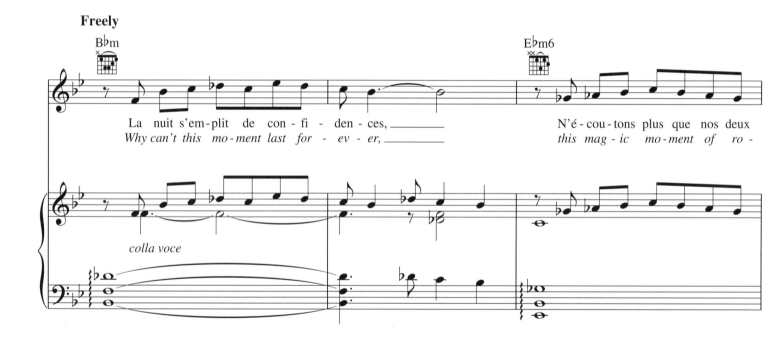

La nuit s'em-plit de con-fi-den-ces, _____
Why can't this mo-ment last for-ev-er, _____

N'é-cou-tons plus que nos deux
this mag-ic mo-ment of ro-

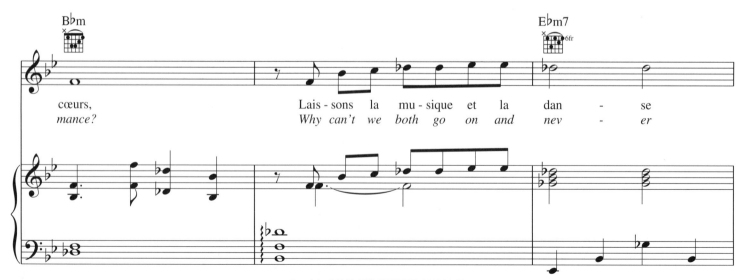

cœurs,
mance?

Lais-sons la mu-sique et la dan-se
Why can't we both go on and nev-er

EN CE TEMPS LA
(In Times Gone By)

French Lyrics and Music by CHARLES TRENET
English Lyric by MANN CURTIS

EN ÉCOUTANT MON CŒUR CHANTER

((All of a Sudden) My Heart Sings)

English Words by HAROLD ROME
French Words by JAMBLAN
Music by LAURENT HERPIN

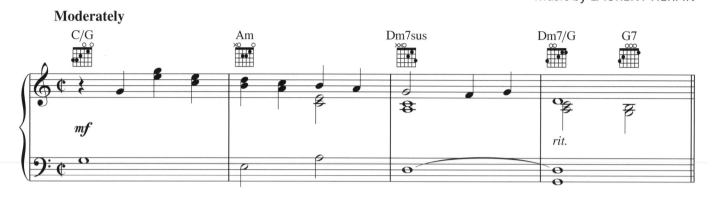

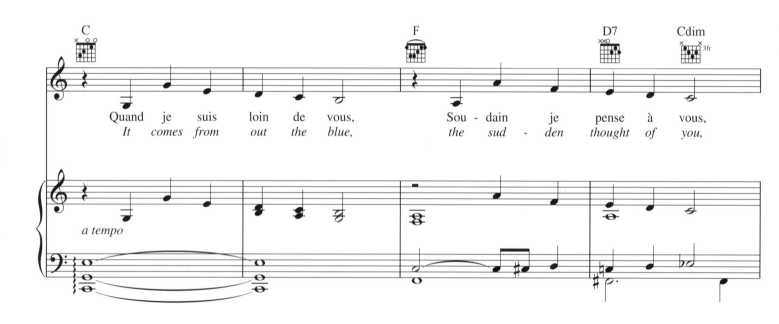

Quand je suis loin de vous,
It comes from out the blue,

Sou - dain je pense à vous,
the sud - den thought of you,

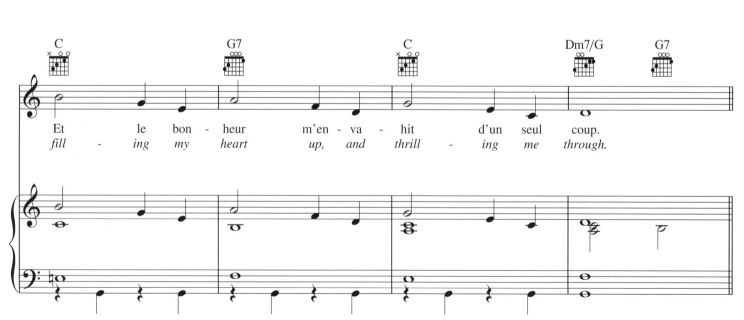

Et le bon - heur m'en - va - hit d'un seul coup.
fill - ing my heart up, and thrill - ing me through.

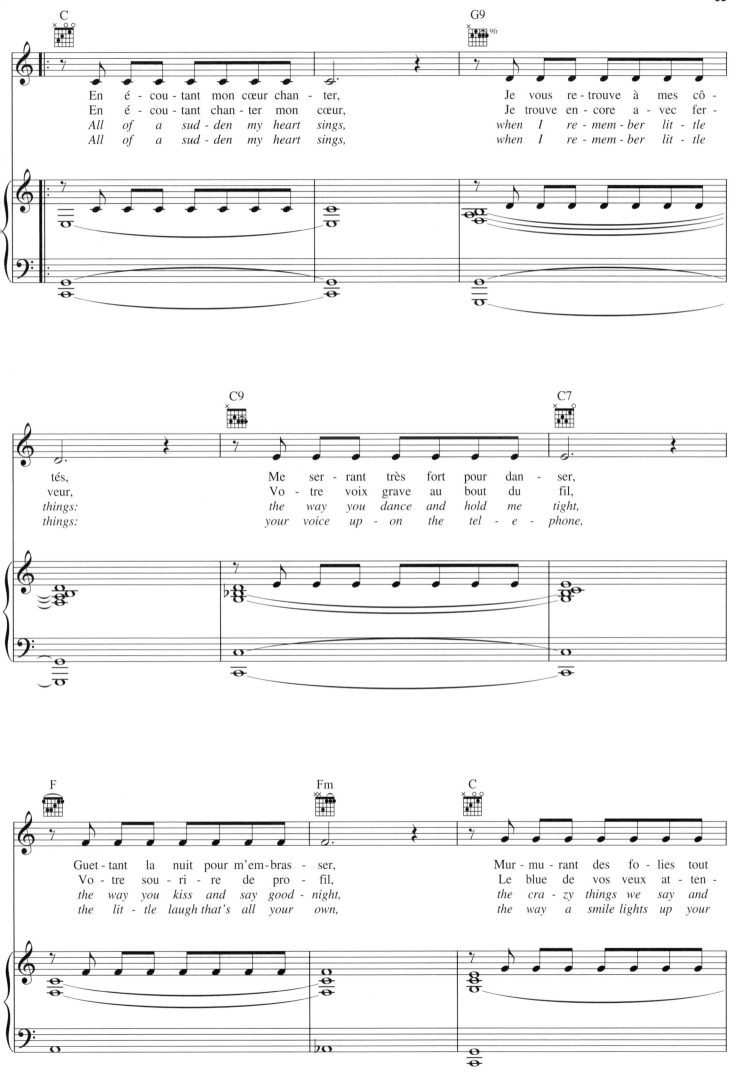

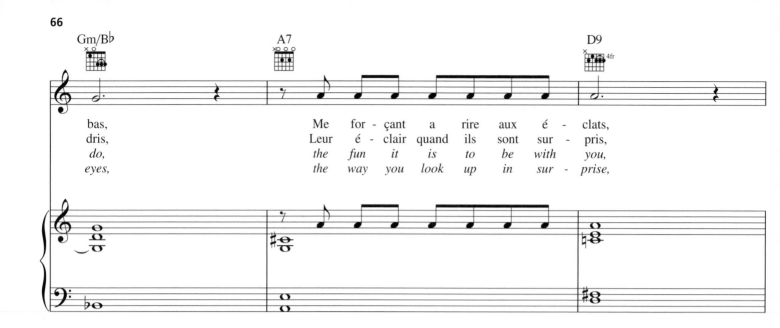

bas,
dris,
do,
eyes,

Me for - çant a rire aux é - clats,
Leur é - clair quand ils sont sur - pris,
the fun it is to be with you,
the way you look up in sur - prise,

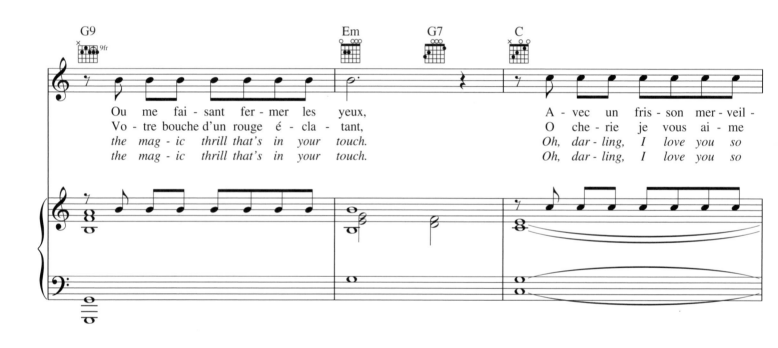

Ou me fai - sant fer - mer les yeux,
Vo - tre bouche d'un rouge é - cla - tant,
the mag - ic thrill that's in your touch.
the mag - ic thrill that's in your touch.

A - vec un fris - son mer - veil -
O che - rie je vous ai - me
Oh, dar - ling, I love you so
Oh, dar - ling, I love you so

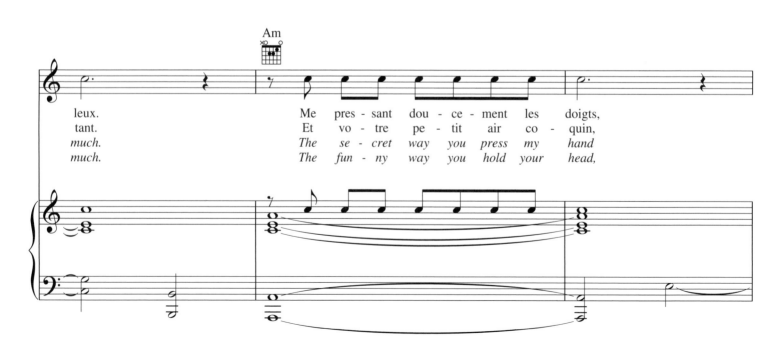

leux.
tant.
much.
much.

Me pres - sant dou - ce - ment les doigts,
Et vo - tre pe - tit air co - quin,
The se - cret way you press my hand
The fun - ny way you hold your head,

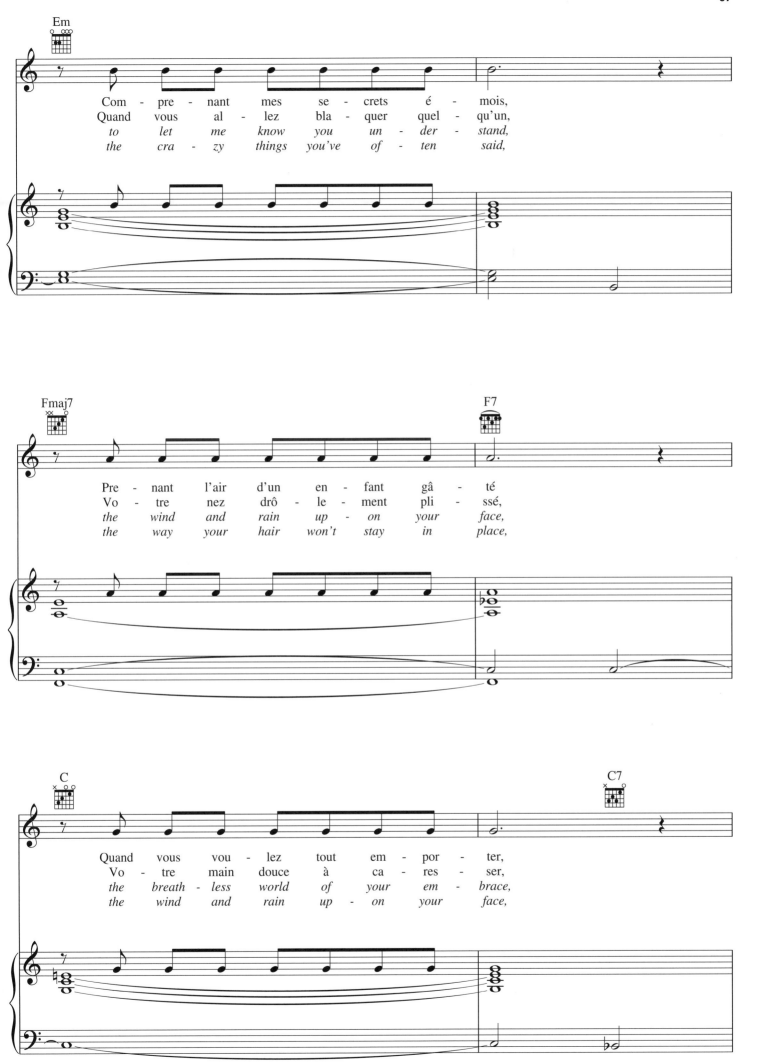

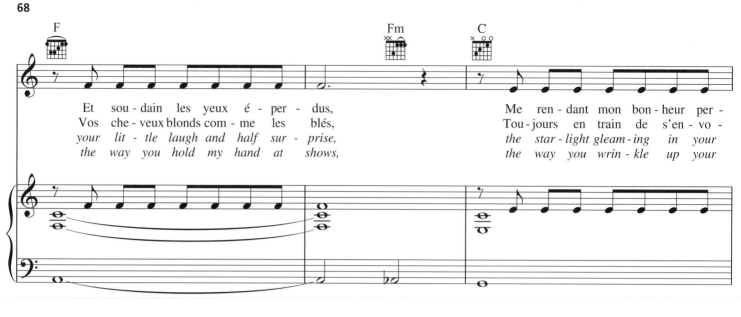

Et sou - dain les yeux é - per - dus,
Vos che - veux blonds com - me les blés,
your lit - tle laugh and half sur - prise,
the way you hold my hand at shows,

Me ren - dant mon bon - heur per -
Tou - jours en train de s'en - vo -
the star - light gleam - ing in your
the way you wrin - kle up your

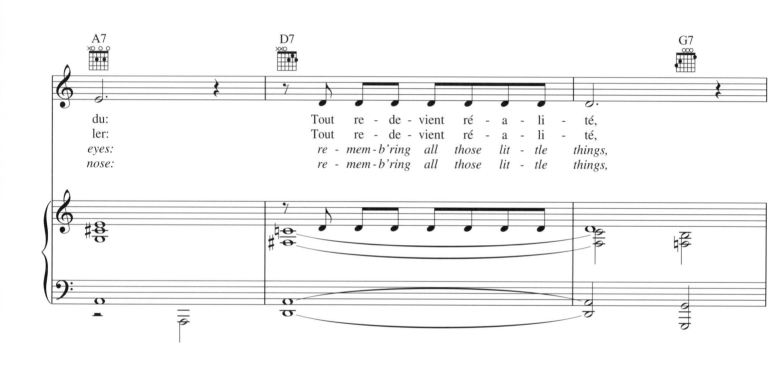

du:
ler:
eyes:
nose:

Tout re - de - vient ré - a - li - té,
Tout re - de - vient ré - a - li - té,
re - mem - b'ring all those lit - tle things,
re - mem - b'ring all those lit - tle things,

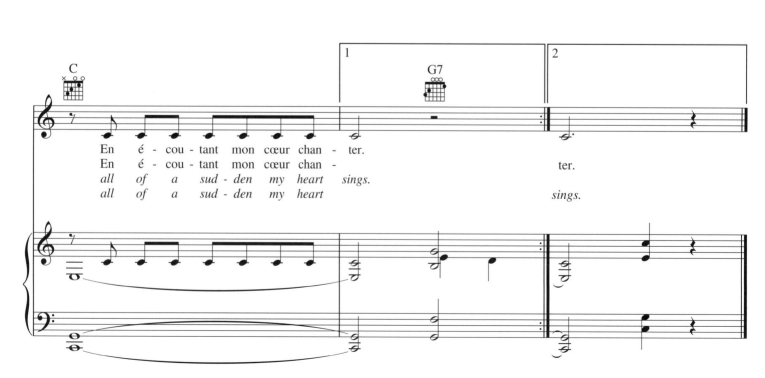

En é - cou - tant mon cœur chan - ter.
En é - cou - tant mon cœur chan -
all of a sud - den my heart sings.
all of a sud - den my heart

ter.

sings.

ET MAINTENANT
(What Now, My Love)

Original French Lyric by PIERRE LEROYER
Music by GILBERT BECAUD
English Adaptation by CARL SIGMAN

Moderate Bolero tempo

Et main-te - nant _____ que vais - je
nant _____ que vais - je
What now my love _____ Now that you
love _____ Now that it's

fai - re _____ De tout ce temps _____
fa - re _____ Vers quel ne - ant _____
left me _____ How can I live _____
o - ver _____ I feel the world _____

I DREAMED A DREAM
(J'avais rêvé)
from LES MISÉRABLES

Music by CLAUDE-MICHEL SCHÖNBERG
Lyrics by ALAIN BOUBLIL,
JEAN-MARC NATEL and HERBERT KRETZMER

I LOVE PARIS

from CAN-CAN
from HIGH SOCIETY

Words and Music by
COLE PORTER

I WILL WAIT FOR YOU

from THE UMBRELLAS OF CHERBOURG

Music by MICHEL LEGRAND
Original French Text by JACQUES DEMY
English Words by NORMAN GIMBEL

IF YOU GO AWAY

French Words and Music by JACQUES BREL
English Words by ROD McKUEN

Slowly, with much feeling

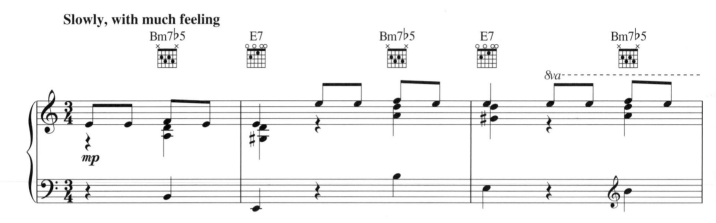

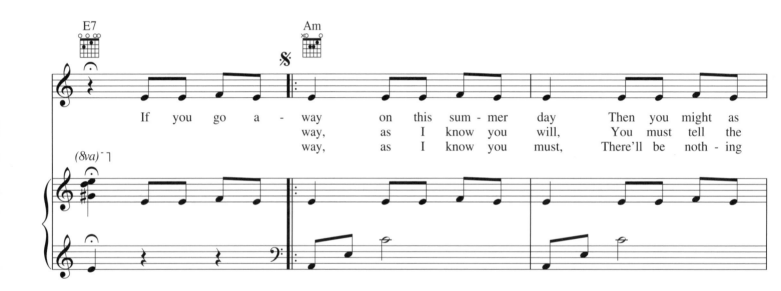

If you go a - way on this sum - mer day, Then you might as
way, as I know you will, You must tell the
way, as I know you must, There'll be noth - ing

well take the sun a - way; All the birds that flew in the sum - mer
world to stop turn - ing till You re - turn a - gain, if you ev - er
left in the world to trust; Just an emp - ty room, full of emp - ty

Additional Lyrics

1. Ne me quitte pas,
   Il faut oublier
   Tout peut s'oublier
   Qui s'enfuit déjà,
   Oublier le temps
   Des malentendus
   Et le temps perdu
   A savoir comment
   Oublier ces heures
   Qui tuaient parfois
   A coups de pourquoi
   Le coeur du bonheur...
   Ne me quitte pas,
   Ne me quitte pas,
   Ne me quitte pas,
   Ne me quitte pas.

2. Moi je t'offrirai
   Des perles de pluie
   Venues de pays
   Ou il ne pleut pas;
   Je creusrai la terre
   Jusqu'après me mort
   Pour couvrir ton corps
   D'or et de lumière;
   Je f'rai un domaine
   Ou l'amour s'ra roi
   Ou l'amour s'ra roi
   Ou tu seras reine
   Ne me quitte pas,
   Ne me quitte pas,
   Ne me quitte pas,
   Ne me quitte pas.

3. Ne me quitte pas,
   Je t'inventerai
   Des mots insenses
   Que tu comprendras,
   Je te parlerai
   De ces amants là
   Qui ont vû deux fois
   Leurs coeurs s'embraser,
   Je te racont'rai
   L'histoire de ce roi
   Mort de n'avoir pas
   Pu te rencontrer
   Ne me quitte pas,
   Ne me quitte pas,
   Ne me quitte pas,
   Ne me quitte pas.

4. On a vu souvent
   Rejaillir le feu
   De l'ancien volcan
   Qu'on croyait trop vieux;
   Il est, parait-il,
   Des terres brulées
   Donnant plus de blé
   Qu'un meilleur avril,
   Et quand vient le soir
   Pour qu'un ciel flamboie
   Le rouge et le noir
   Ne s'epous'nt ils pas
   Ne me quitte pas,
   Ne me quitte pas,
   Ne me quitte pas,
   Ne me quitte pas.

5. Ne me quitte pas,
   Je n'vais plus pleurer
   Je n'vais plus parler,
   Je me cach'rai la
   A te regarder
   Causer et sourire
   Et a t'écouter
   Chanter et puis rire;
   Laiss'moi de venir
   L'ombre de ton ombre,
   L'ombre de ta main,
   L'ombre de ton chien;
   Ne me quitte pas,
   Ne me quitte pas,
   Ne me quitte pas,
   Ne me quitte pas.

IL FAIT BON T'AIMER

Words by JACQUES PLANTE
Music by NORBERT GLANZBERG

Un jour que j'a - vais du cha - grin _____
près de toi je n'ai plus peur _____

_____ Tu l'as fait vo - ler en é - clats _____ Pre - nant mes lar -
_____ Je me sens trop bien à l'a - bri, _____ T'as fer - mé la

IF WE ONLY HAVE LOVE
(Quand on n'a que l'amour)
from JACQUES BREL IS ALIVE AND WELL AND LIVING IN PARIS

French Words and Music by JACQUES BREL
English Words by MORT SHUMAN and ERIC BLAU

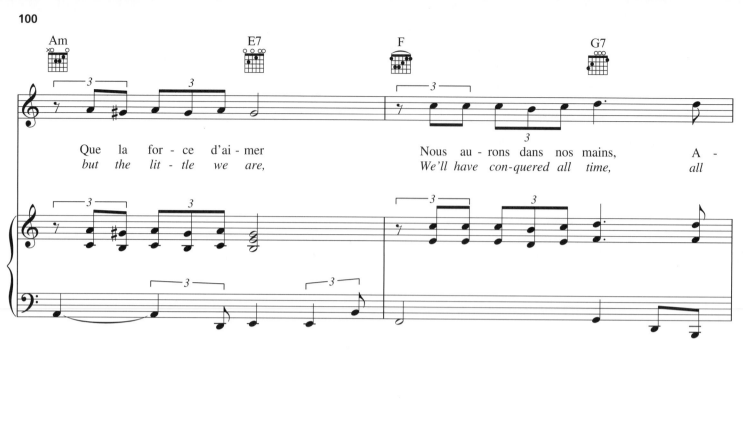

IT MUST BE HIM
(Seul sur son etoile)

Words and Music by GILBERT BECAUD
and MAURICE VIDALIN
English Adaptation by MACK DAVID

Lyrics:

I tell my-self, what's done is done.
Af-ter a while I'm my-self a-gain.

I tell my-self, don't be a fool.
I pick the piec - es off the floor,

Play the field. Have a
put my heart on the

lot of fun.
shelf a-gain.

It's eas-y when you play it cool.
{He'll} {She'll} nev-er hurt me an-y-more.

IT WAS ME
(C'était moi)

French Words by MAURICE VIDALIN
English Words by NORMAN GIMBEL
Music by GILBERT BECAUD

Who's the one you would find on the beach ev-'ry day, ly-ing there on the shore while his friends swim a-way, ly-ing there in the sand on-ly inch-es from you, watch-ing you ev-'ry day till the sum-mer was through? It was me. Who would help gath-er shells for the brace-let you made? Who would

Ce - lui qu'on ap-pe-lait le vo-you de la plage, qui vi-vait tout l'è-tè jam-bes nues, che-veux fous, qui ne pa-vait ja-mais les gau-fres ni les glaces, qui te je-tait de l'eau, des al-gues et cail-loux c'é-tait moi. Mais qui sa-vait le nom des quatre mil-le è-toiles et te

JE NE SAIS PAS
(To You, My Love)

French Lyric and Music by LOUIS GASTE
English Lyric by JACK LAWRENCE

J'AI TA MAIN
(Holding Hands)

French Lyrics by CHARLES TRENET and RAOUL BRETON
English Lyrics by HAROLD ROME
Music by CHARLES TRENET

seaux. / çon. / *lark!*
On en-tendchu-cho-ter ___ le / Ta robe est dé-chi-rée, ___ je / *We sit in a ca-fé, ___ a*

vent dans la cam-pagne / n'ai plus de mai-son, / *mov-ie or a play,*
On en-tend / Je n'ai plus / *it's the same,*
chan-ter la mon-tagne. / que la belle sai-son. / *our own lit-tle game.*
J'ai ta / Et ta / *Here we*

rit.   a tempo

Slowly, with expression

main dans ma main / main dans ma main / *go, hold-ing hands,*
Je joue a-vec tes doigts ___ / Qui joue a-vec mes doigts ___ / *just like kids, you and I,* ___

JE SAIS COMMENT

Lyric by JULIEN BOUQUET
Music by JULIEN BOUQUET and ROBERT CHAUVIGNY

E - cou - te moi mon a - mi   Ai - mes - tu la li - ber -
Tu ne dis rien mon a - mi   Et tu as au fond des

té   Vou - drais - tu t'en - fuir d'i - ci
yeux   Plus de rê - ves que d'en - vie

Ai - me - rais - tu t'é - va - der   Veux - tu re - vivr' à la
Pour voir ce coin de ciel bleu   Tu crois que je t'ai men -

vie   Mar - cher sans chaîn' à tes pieds
ti   Que je n'ai pas de se - cret

L'ACCORDÉONISTE

Words and Music by
MICHEL EMER

With spirit

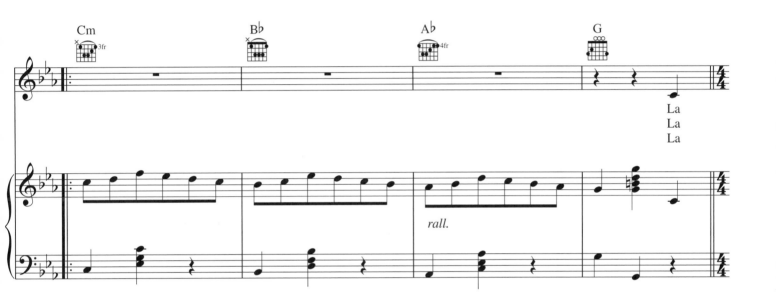

fill' de joie est bel - le Au coin d'la rue, là - bas. Elle a un' cli - en - tè - le Qui
fill' de joie est tris - te Au coin d'la rue, là - bas. Son ac - cor - dé - o - nis - te, Il
fill' de joie est seu - le Au coin d'la rue, là - bas. Les fill's qui font la gueu - le, Les

lui rem-plit son bas. Quand son bou-lot s'a-chè-ve, Ell' s'en va à son tour Cher-
est par - ti, sol - dat. Quand il r'vien-dra d'la guer-re, Ils pren-dront un' mai-son; Ell'
hom-mes n'en veul'nt pas! Et tant pis si ell' crè-ve, Son homm' ne r'vien-dra plus; Fi -

cher un peu de rê - ve Dans un bal du fau bourg. Son homme est un ar - tis - te, C'est
se - ra la cais-siè - re, Et lui fe - ra l'pa-tron. Que la vie se - ra bel-le, Ils
nis, tous ses beaux rê - ves, Sa vie, elle est fou-tu'. Pour - tant ses jam-bes tris-tes, L'en-

un drôl' de p'tit gars, Un ac-cor-dé-o-nis-te Qui sait jouer la ja-
s'ront de vrais pa-chas, Et tous les soirs pour el-le, Il joue-ra la ja-
traîn-ent au bouis bouis Où y'a un autr' ar-tis-te Qui joue tou-te la

le jeu ner - veux Et les doigts secs et longs de l'ar - tis - te. _____
le jeu ner - veux Et les doigts secs et longs de l'ar - tis - te. _____
Les doigts secs et ner - veux

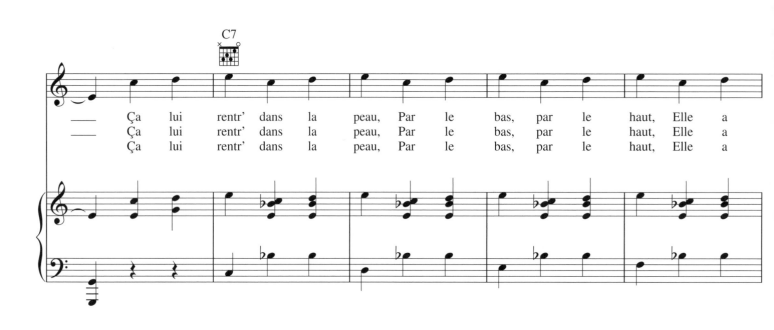

_____ Ça lui rentr' dans la peau, Par le bas, par le haut, Elle a
_____ Ça lui rentr' dans la peau, Par le bas, par le haut, Elle a
Ça lui rentr' dans la peau, Par le bas, par le haut, Elle a

en - vie d'chan - ter, C'est phy - si - que... _____ Tout son être est ten -
en - vie d'pleu - rer, C'est phy - si - que... _____ Tout son être est ten -
en - vie d'cri - er, C'est phy - si - que... _____ A - lors pour ou - bli -

du, Son souffle est sus-pen - du, C'est u - ne vrai' tor - du' d'la mu - si - que.
du, Son souffle est sus-pen - du, C'est u - ne vrai' tor - du' d'la mu - si - que.
er Ell' s'est mise à dan - ser, A tour - ner au son de la mu -

si - que.

Ar - ré - tez... Ar - rê - tez la mu - si - que!

L'AME DES POETES
(Poet's Dream)

French Lyrics and Music by CHARLES TRENET
English Lyrics by MAL PETERS

LA MARSEILLAISE

Words and Music by
CLAUDE ROUGET DE LISLE

Additional Lyrics

2. Amour Sacré de la Patrie,
   Conduis, soutiens, nos bras vengeurs.
   Liberté, liberté chérie
   Combats avec tes défenseurs!
   Combats avec tes défenseurs!
   Sous nos drapeaux, que la victoire
   Accours à tes mâles accents!
   Que tes ennemis expirants
   Voient ton triomphe et notre gloire.
       Aux armes, etc.

3. Nous enterons dans la carrière
   Quand nos aînés n'y seront plus.
   Nous y trouverons leur poussière
   Et la trace de leurs vertus,
   Et la trace de leurs vertus,
   Bien moins jaloux de leur survivre
   Que de partager leur cercueil
   Nous aurons le sublime orgueil
   De les venger ou de les suivre.
       Aux armes, etc.

English Translation

1. *Arise you children of our Motherland,*
   Oh now is here our glorious day!
   Over us the bloodstained banner
   Of tyranny holds sway!
   Of tyranny holds sway!
   Oh, do you hear there in our fields
   The roar of those fierce fighting men
   Who came right here into our midst
   To slaughter sons, wives and kin?
       To arms, oh citizens!
       Form up in serried ranks!
       March on, march on!
       And drench our fields
       With their tainted blood!

2. *Supreme devotion to our Motherland,*
   Guides and sustains avenging hands.
   Liberty, oh dearest Liberty,
   Come fight with your shielding bands!
   Come fight with your shielding bands!
   Beneath our banner come, oh Victory,
   Run at your soul-stirring cry.
   Oh come, come see your foes now die,
   Witness your pride and our glory.
       To arms, etc.

3. *Into the fight we too shall enter,*
   When our fathers are dead and gone,
   We shall find their bones laid down to rest
   With the fame of their glories won,
   With the fame of their glories won!
   Oh, to survive them care we not,
   Glad are we to share their grave,
   Great honor is to be our lot
   To follow or to venge our brave.
       To arms, etc.

LA PETIT VALSE
(The Petite Waltz)

English Lyric by E.A. ELLINGTON
and PHYLLIS CLAIRE
Music by JOE HEYNE

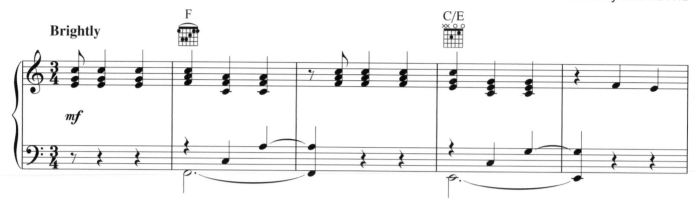

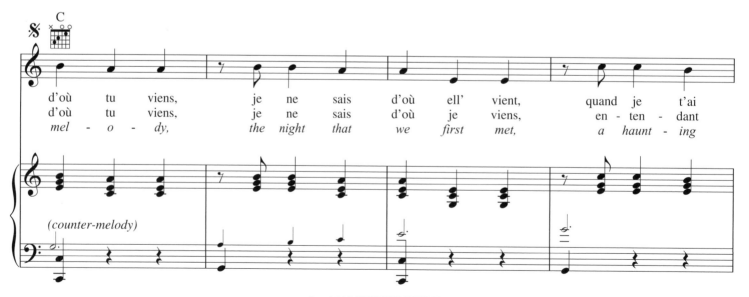

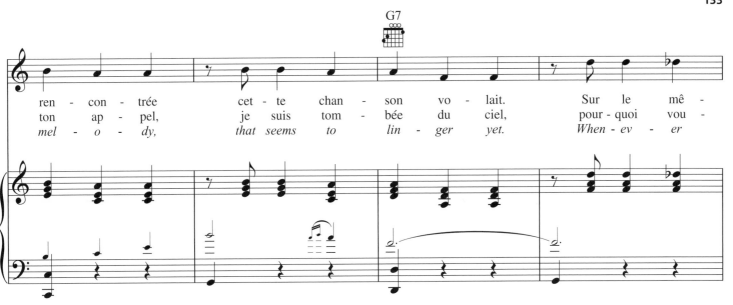

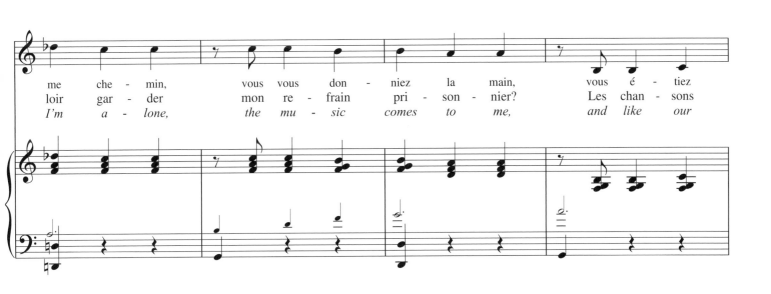

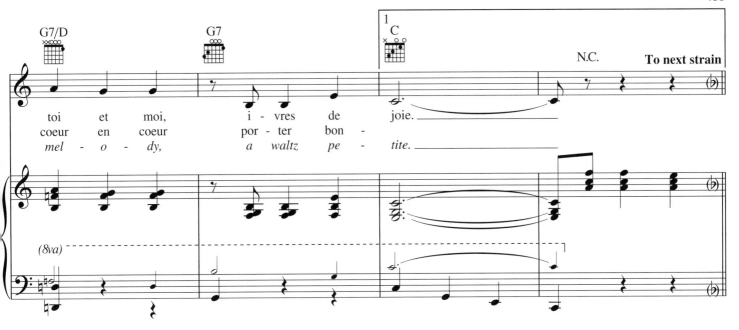

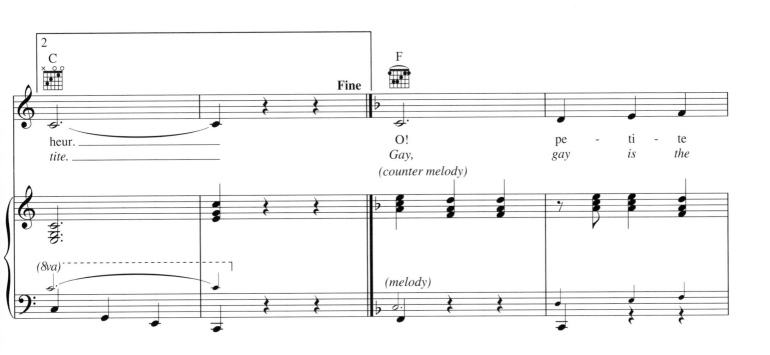

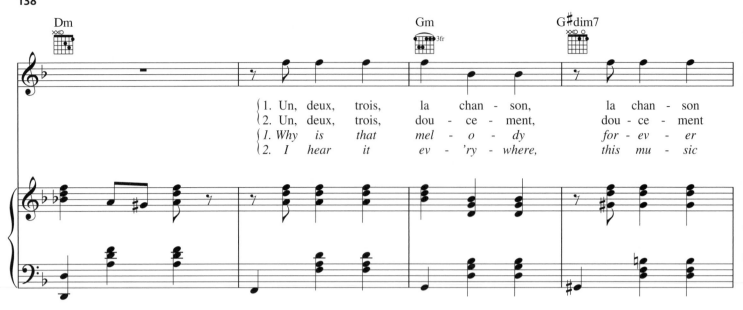

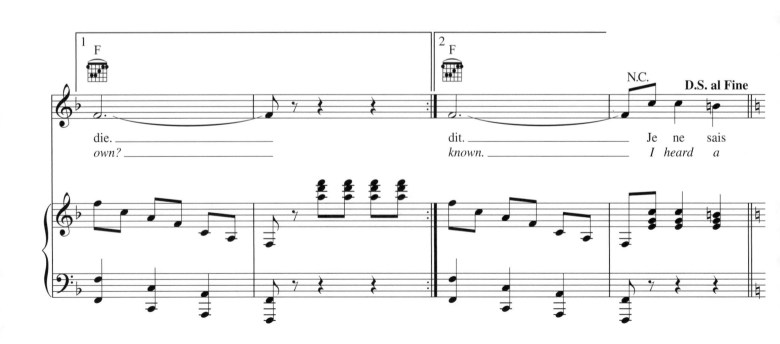

LE GRISBI
(The Touch)

French Lyric by MARC LANJEAN
English Lyric by NORMAN GIMBEL
Music by JEAN WIENER

Very slowly, with expression

LA VILLE INCONNUE

Words by MICHEL VAUCAIRE
Music by CHARLES DUMONT

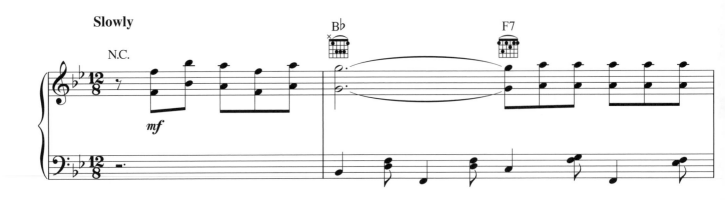

Dans la ville in-con-nue _____ Je n'ai-me
nue _____ Quand vient la

rien... Je prends tou-jours des rues _____ Qui vont trop
nuit, J'ai peur des murs tout nus, _____ Des murs tout

LE DANSEUR DE CHARLESTON

Words and Music by JEAN-PIERRE MOULIN
English Lyrics by FRED EBB

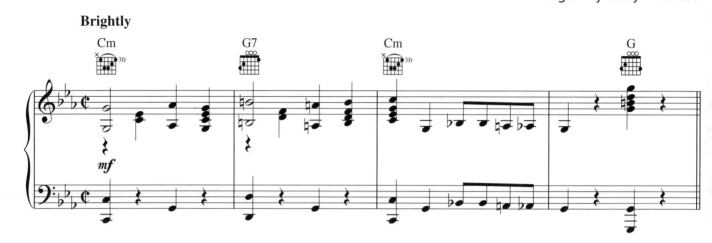

(Man:) Un gen-tle-man un peu noir _____ à u-ne
(Woman:) J'é-tais un soir dans un bar _____ un gen-tle-
Ooh, ba-by! Ah, ba-by! Oh! You got me

poul' dans un bar _____ Of-frait cham-pagne et ca-
man un peu noir _____ M'of-frit cham-pagne et ca-
ting-a-lin' so! One lit-tle kiss and I

LE GAMIN DE PARIS

French Lyric by MICK MICHEYL
English Lyric by ALLAN ROBERTS
Music by ADRIEN MARES

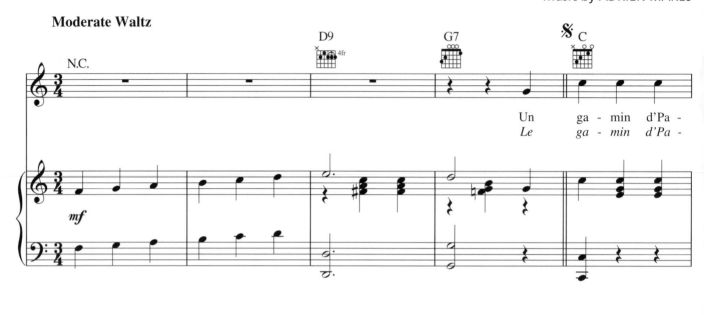

LE VIEUX PIANO
(The Old Piano)

Words by HENRI CONTET
Music by CLAUDE LEVEILLE

Slowly, with nostalgia

(Spoken:) Un piano est mort et cell' - la l'ai - mait

Quand elle était jeune et quand ell' venait Se saouler

LES AMANTS DE PARIS

Words and Music by LEO FERRE
and EDDY MARNAY

Les a-
Les a-
J'ai la

mants de Pa - ris cou - chent sur ma chan - son.
mants de Pa - ris se font à Ro - bin - son.
chaî - ne d'a - mour au bout de mes deux mains.

A Pa -
Quand on
Y'a des

D7/C Bm D7/A G G6
Qu'les a mants de Pa -
Les a - mants de Pa -
Les a - mants de Pa -
Gmaj7 G6 Am7 Am6 Am7/G
5fr
ris m'ont vo - lé ma chan - son.
ris se font à Ro - bin - son.
ris ont u - sé ma chan - son.
To Coda
Am6 Am7/G Am6 Am7/G D7
5fr
5fr
A Pa - ris les a - mants ont de drôl's de fa -
A Pa - ris les a - mants ont de drôl's de fa -
A Pa - ris les a - mants s'ai - ment à leur fa -
E♭ E♭maj7/B♭ E♭6 E♭/B♭ E♭/B♭
3fr
3fr
6fr
6fr
1
2
D.S. al Coda
çons.
çons.

LES MOTS D'AMOUR

Words by MICHEL RIVGAUCHE
Music by CHARLES DUMONT

C'est fou c'que j'peux t'ai - mer C'que j'peux t'ai-mer des fois. Des fois j'vou-drais cri - er

Car j'n'ai ja-mais ai - mé Ja-mais ai - mé comm' ça. Ça je peux te l'ju - rer.

(1., 2.) Si un jour tu par - tais Par-tais et me quit - tais Me quit-tais pour tou - jours.
(3.) Si un jour la la la. La la la la la la la la la la la la.

LET IT BE ME
(Je t'appartiens)

English Words by MANN CURTIS
French Words by PIERRE DeLANOE
Music by GILBERT BECAUD

Don't take this heav - en from one, if you must
No mat - ter what the price is, I'll make the

cling to some - one, now and for - ev - er,
sac - ri - fic - es, through each to - mor - row,

let it be me. Each time we
let it be me. To you I'm

meet, love, I find com - plete love,
pray - ing, hear what I'm say - ing,

MAIS QUEST-CE QUE J'AI
(What Can I Do)

French Lyrics by EDITH PIAF
English Lyrics by HAROLD ROME
Music by HENRI BETTI

MY MAN
(Mon homme)
from ZIEGFELD FOLLIES

Words by ALBERT WILLEMETZ and JACQUES CHARLES
English Words by CHANNING POLLOCK
Music by MAURICE YVAIN

It's cost me a lot, but there's one thing that I've got it's my man, ___
Some-times I say if I just could get a-way with my man, ___
Sur cet-te terr', ma seul' joie, mon seul bon-heur c'est mon hom-me

cold and wet, tired you bet, but all that I soon for-get with my man. ___
he'd go straight sure as fate, for it nev-er is too late for my man. ___
J'ai don-né tout c'que j'ai, mon a-mour et tout mon cœur, a mon hom-me,

He's not much for looks, and no he-ro out of books is my man. ___
I just like to dream of a cot-tage by a stream with my man, ___
Et mê-me la nuit quand je rê-ve c'est de lui de mon hom-me.

A MAN AND A WOMAN
(Un homme et une femme)
from A MAN AND A WOMAN

Original Words by PIERRE BAROUH
English Words by JERRY KELLER
Music by FRANCIS LAI

When hearts are pass-ing in the night, in the lone-ly night,____ then they must
si-lence of the mist, of the morn-ing mist,____ when lips are

hold each oth-er tight, oh, so ver-y tight____ and take a chance that in the light, in to-
wait-ing to be kissed, long-ing to be kissed,____ where is the rea-son to re-sist and de-

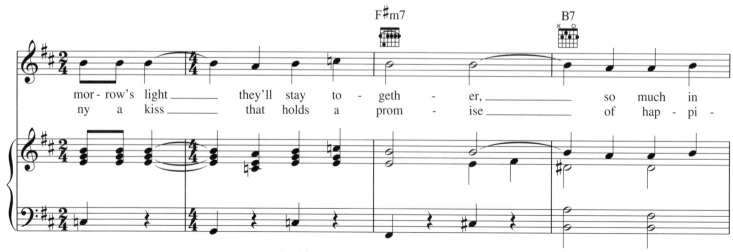

mor-row's light____ they'll stay to-geth-er,____ so much in
ny a kiss____ that holds a prom-ise____ of hap-pi-

MARIA DE BAHIA
(Maria from Bahia)

French Lyric by ANDRÉ HORNEZ
English Lyric by ALBERT GAMSE
Music by PAUL MISRACHI

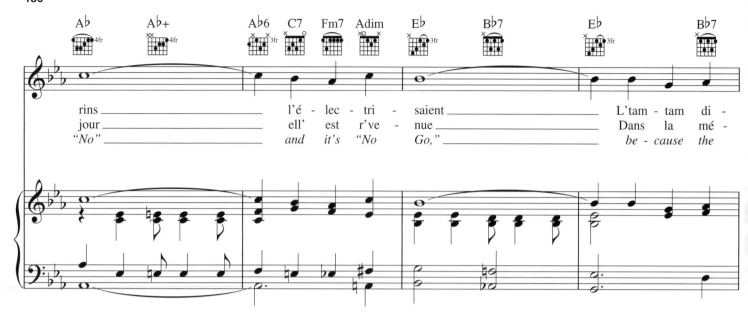

MICHELLE

Words and Music by JOHN LENNON
and PAUL McCARTNEY

MILORD

Lyric by GEORGES MOUSTAKI
Music by MARGUERITE MONNOT

Moderately, in 2

(1.,2.) Al - lez ve - nez Mi - lord Vous as - seoir à ma table
(3.) nez Mi - lord Vous a - vez l'air d'un môme

Il fait si froid de - hors I - ci c'est con - for -
Lais - sez - vous fair' Mi - lord Ve - nez dans mon roy -

table Lais - sez - vous fair' Mi - lord Et pre - nez bien vos aises
aume Je soi - gne le re - mords Je chan - te la ro - mance

lé   Quand vous pas - siez hi - er   Vous n'é - tiez pas peu
fois   Qu'il y ait un na - vire   Pour que tout se dé -

C   Bb

fier   Dam' le Ciel vous com - blait   Vo - tre fou - lard de
chire   Quand le na - vir' s'en va   Il emm' - nait a - vec

soie   Flot - tant sur vos é - paules   Vous a - viez le beau
lui   La douce aux yeux si tendres   Qui n'a pas su com -

Gm   Dm

rôle   On au - rait dit le roi   Vous mar - chiez en vain -
prendre   Qu'ell' bri - sait vo - tre vie   L'a - mour ça fait pleu -

MON DIEU!

Words by MICHEL VAUCAIRE
Music by CHARLES DUMONT

N'OUBLIE JAMAIS
(I Can't Forget)

French Lyric by RENE ROUZAUD
English Lyric by JACK LAWRENCE
Music by LOUIS FERRARI

Moderately, with feeling

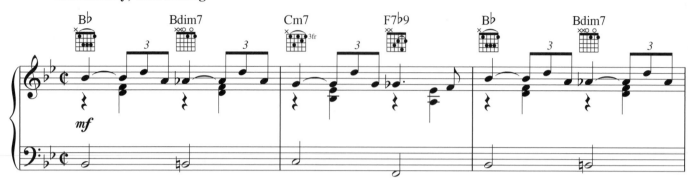

N'ou - blie ja - mais Le jour où l'on s'est con -
I can't for - get the look of you, when we

nu - Si tu l'ou - bli - ais Mon bon - heur se - rait per -
met, the sound of your voice, the touch of your hands at

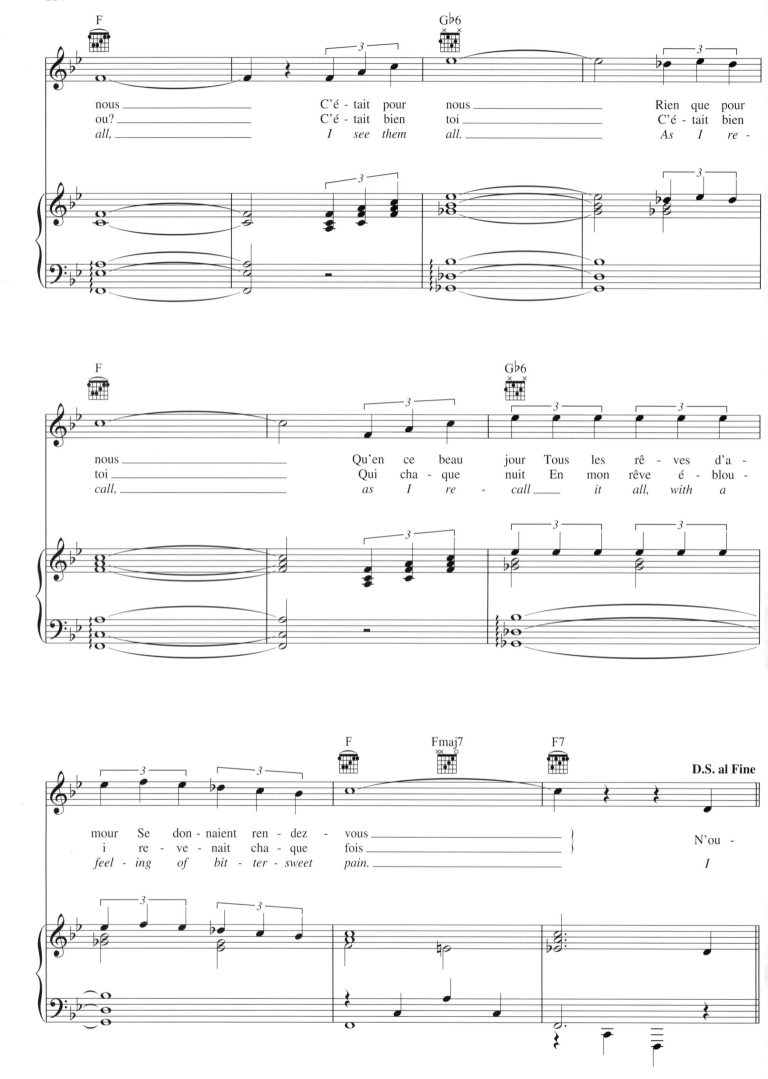

ON MY OWN
(Mon histoire)
from LES MISÉRABLES

Music by CLAUDE-MICHEL SCHÖNBERG
Lyrics by ALAIN BOUBLIL, JOHN CAIRD,
TREVOR NUNN, JEAN-MARC NATEL
and HERBERT KRETZMER

NON, JE NE REGRETTE RIEN

Music by CHARLES DUMONT
French Lyric by MICHEL VAUCAIRE

PADAM PADAM

Words by HENRI CONTET
English Words by MANN HOLINER and ALBERTA NICHOLS
Music by NORBERT GLANZBERG

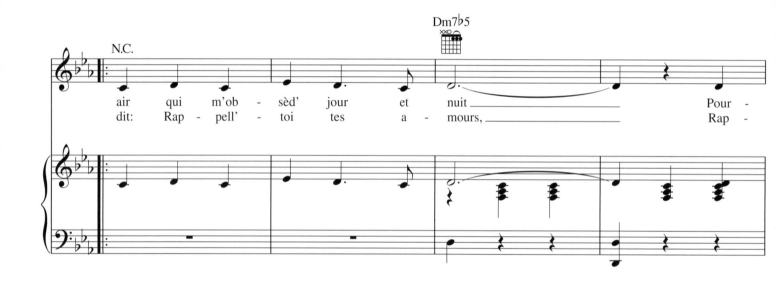

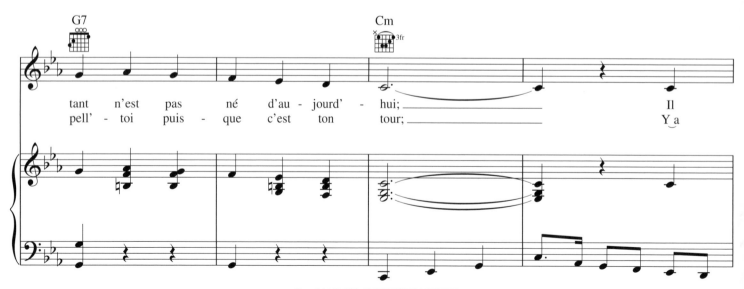

dam, Pa - dam, Pa - dam, Faut gar -

der du cha - grin pour a - près _____ J'en ai tout un sol -

fèg' dans cet air qui bat, Qui bat, comme un cœur de

bois. _____

PIGALLE

French Lyric by GEO KOGER, GEORGES ULMER and GUY LUYPAERTS
English Lyric by CHARLES NEWMAN
Music by GEORGES ULMER and GUY LUYPAERTS

PARIS CANAILLE

Words and Music by
LEO FERRE

PASSE TON CHEMIN
(Back Track!)

French Lyric by PIERRE DeLANOE
English Lyric by LEE WILSON and LYNN RUSSEL
Music by GILBERT BECAUD

THE POOR PEOPLE OF PARIS
(JEAN'S SONG)

(La goualante du pauvre Jean)

Original French words by RENE ROUZAUD
English words by JACK LAWRENCE
Music by MARGUERITE MONNOT

Moderately, with spirit

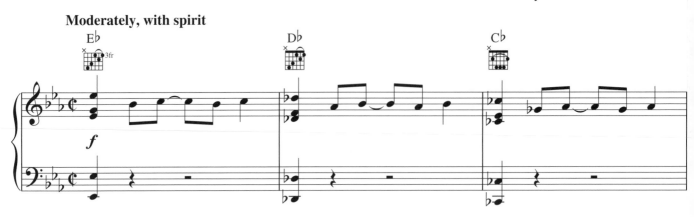

Es - gour - des rien qu'un in - stant   La goua -
tait chez les ba - rons   Il guin -
des bien jeu - nes gens   pro - fi -
Just got back from Pa - ris,   France;   all they
wa - ter from the sink   make a
(Instrumental)

lante du pauv - re   Jean   Que les fem - mes n'ai - maient
chait dans les sa - lons   Et li - chait tous les ta -
tez de vos vingt ans   On ne les a qu'u - ne
do is sing and dance.   All they've got there is ro -
true Pa - ri - sian shrink.   Wine is all he'll ev - er

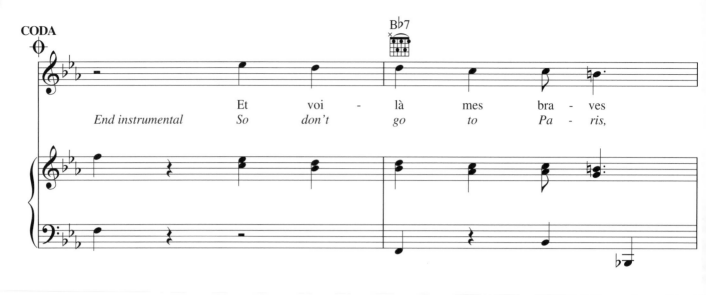

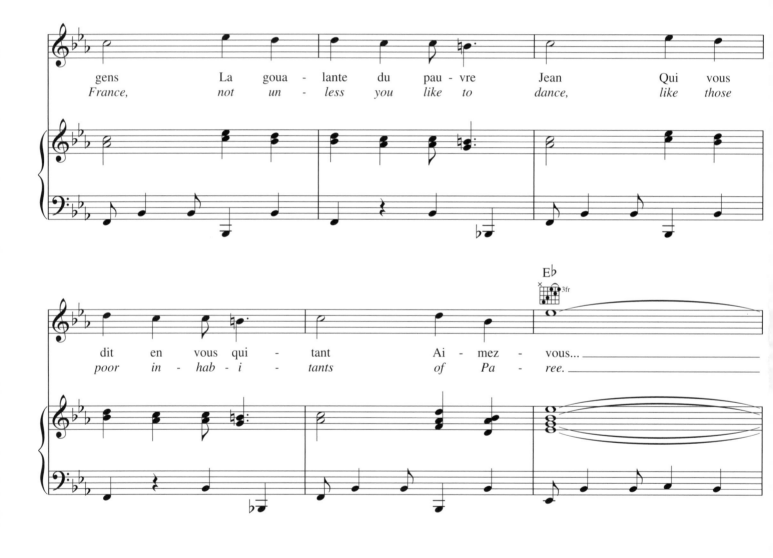

REVIENS
(Come Back)

Words and Music by HENRI CHRISTINE
and HENRI FRAGSON
English Lyric by SID LIPPMANN
and SYLVIA DEE

QUE RESTE-T-IL DE NOS AMOURS

(I Wish You Love)

Words and Music by CHARLES TRENET
English Lyric by ALBERT BEACH

Ce soir ____ le vent qui frap-p'à ma porte
Good - *bye,* ____ *no use lead-ing with our chins,*

Me par-le des a-mours mortes,
this is where our sto-ry ends,

De-vant le feu qui s'é-
nev-er lov-ers, ev-er

teint. ____
friends. ____

Ce soir ____
Good - *bye,* ____

c'est u-ne chan-son d'au-
let ourhearts call it a

SANS VOUS
(No You)

French Lyrics by ANDRE HORNEZ
English Lyrics by JIMMY KENNEDY
Music by PAUL MISRAKI

Slowly, with expression

TOI, TU L'ENTENDS PAS

Words by PIERRE DeLANOE
Music by CHARLES DUMONT

pas, Toi, tu l'en - tends pas, C'est trop bê - te, C'est trop bê - te, Toi, tu l'en - tends
pas, Toi, tu l'en - tends pas, Ce va - car - me Qui s'a - char - ne, Tout au fond de

Eb9

Eb7

pas Cet or - ches - tre gi - gan - tes - que, Puis-qu'il ne joue que pour
moi, Il m'en - va - hit corps et â - me, Mais toi, tu ne l'en tends

Ab

1
moi. _____ Toi, tu n'en - tends

2
pas, _____ Toi, tu n'en - tends

Bb

pas, Les che vaux de bois, Les mu - si - ques Et les cir - ques, Et les o - pé -

SERENADE PORTUGAISE
(Portuguese Serenade)

Words and Music by CHARLES TRENET
English Lyrics by ALLAN ROBERTS

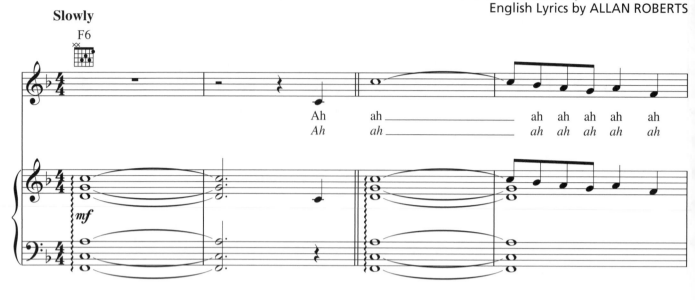

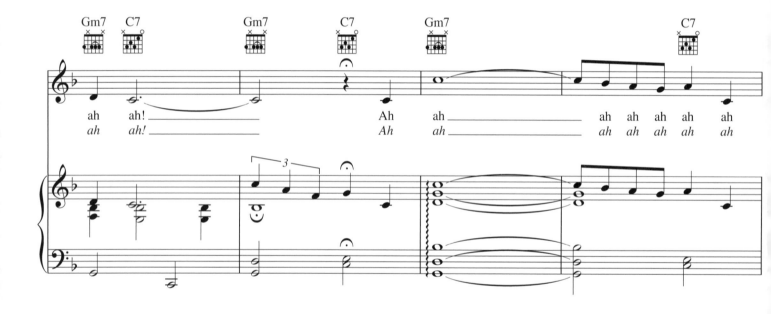

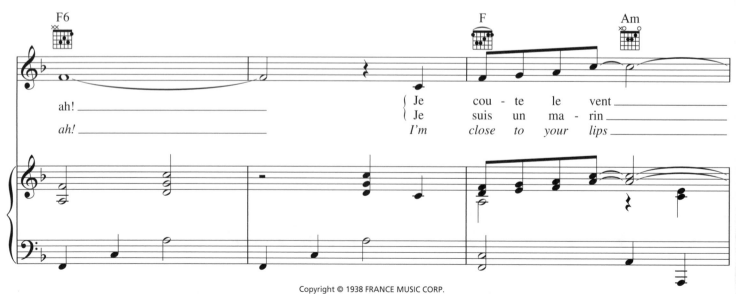

SI TU PARTAIS
(If You Go)

French Lyrics and Music by MICHEL EMER
English Lyrics by GEOFFREY PARSONS

SOUS LE CIEL DE PARIS
(Under Paris Skies)

French Words by JEAN DREJAC
English Words by KIM GANNON
Music by HUBERT GIRAUD

TOUJOURS AIMER

Words by NITA RAYA
Music by CHARLES DUMONT

TOUT EN SIFFLOTANT
(On the Avenue)

French Lyrics by MAX FRANCOIS
English Lyrics by HAROLD ROME
Music by FRED FREED

UN GRAND AMOUR
(More, More and More)

French Lyric by EDITH PIAF
English Lyric by SAMMY CAHN
Music by EDITH PIAF and MARGUERITE MONNOT

TROIS FOIS MERCI

Words and Music by MICHEL EMER
and PIERRE DORSEY

TU SAIS
(You Know)

French Lyric by JOSE DE BERYS and JEAN LENOIR
English Lyric by ROWLAND LEIGH
Music by SERGE WALTER and EDDY ERVANDE

WATCH WHAT HAPPENS
from THE UMBRELLAS OF CHERBOURG

Music by MICHEL LEGRAND
Original French Text by JACQUES DEMY
English Lyrics by NORMAN GIMBEL

WHERE IS YOUR HEART
(The Song from Moulin Rouge)
from MOULIN ROUGE

Words by WILLIAM ENGVICK
Music by GEORGE AURIC

Lyrics:
When- ev- er we kiss, I
Mou- lin des a- mours Tu

wor- ry and won- der. Your lips may be
tour- nes tes ai- les Au ciel des beaux

near, but where is your heart? It's al- ways like
jours Mou- lin des a- mours. Mon cœur a dan-